La Tierra y la importancia del agua

Shirley Duke

Rourke
Educational Media
rourkeeducationalmedia.com

Teacher Notes available at
rem4teachers.com

PHOTO CREDITS: Cover, title page (top, left to right) © David Joyner, ©Karen Grieve, ©Valentin Casarsa, ©Sam Barnhart, ©Marko Heuver; Table of Contents © Rich Carey; Page 4 © Blue Door Publishing, AridOcean; Page 5 © SunnyS; Page 6 © Alhovik, Zoom Team, Steven Coling, MANDY GODBEHEAR; Page 7 © Filipe B. Varela, Jorg Hackemann; Page 8 © NOAA; Page 9 © Ralf Neumann; Page 10 © Blue Door Publishing, africa924; Page 11 © Anton Balazh; Page 12 © Rozhkovs, Thumbelina, Marcos Carvalho, Andrei Verner, Sadovnikova Olga, Page 13 © Masonjar; Page 14 © Andy Z., NASA; Page 15 © Evgeny Kovalev spb; Page 16 © Matthijs Wetterauw; Page 17 © Blue Door Publishing; Page 18 © Willyam Bradberry; Page 19 © Alexey Stiop; Page 20 © Andrejs Jegorovs; Page 21 © Busfahrer; Page 22 © Adele De Witte, Tomia; Page 23 © Blue Door Publishing; Page 24 © NASA; Page 25 © NASA, artiomp; Page 26/27 © Doug Lemke; Page 27 © mundoview; Page 28 © NASA; Page 29 © hansenn; Page 30 © RedAndr; Page 31 courtesy of NASA, U.S. Navy; Page 30/31 © Rich Carey; Page 33 © Zyankarlo; Page 32/33 © Goodluz; Page 34 © J.D.S., Akeron; Page 35 © funkysoul, Andrey Kekyalyaynen; Page 36 © Chabacano; Page 37 © Pal Teravagimov; Page 38 © Socrates IMWI; Page 39 © paul prescott; Page 40 © 36538936, Miguel Contreras; Page © 41Goran Bogicevic, Alena Brozova; Page 42-43 © Acephotos; Page 43 © Tish1; Page 44 Bruce C. Murray; Page 45 © 83839369

Edited by Precious McKenzie

Cover design by Renee Brady
Layout: Blue Door Publishing, FL
Editorial/Production services in Spanish
by Cambridge BrickHouse, Inc.
www.cambridgebh.com

La tierra y la importancia del agua / Shirley Duke
ISBN 978-1-62717-330-8 (soft cover - Spanish)
ISBN 978-1-62717-546-3 (e-Book - Spanish)
ISBN 978-1-61810-259-1 (soft cover - English)

Also Available as:

Rourke Educational Media
Printed in the United States of America,
North Mankato, Minnesota

Rourke
Educational Media

rourkeeducationalmedia.com
customerservice@rourkeeducationalmedia.com • PO Box 643328 Vero Beach, Florida 32964

Contenido

Todo sobre el agua

El agua del río Niágara cae 75 pies (23 metros) desde la segunda catarata más alta del mundo, las cataratas del Niágara. Este río es alimentado por cuatro de los cinco Grandes Lagos. Estos lagos fueron excavados por los **glaciares** de la Era del Hielo y contienen alrededor de un quinto del agua potable de la Tierra.

El agua, a gran velocidad, arranca pequeñas partículas de roca y después cae. En 12,500 años, esta agua ha erosionado la roca y las cataratas han retrocedido 7 millas (11.3 kilómetros).

El río Niágara continúa por unas 15 millas
(24 km) y después desemboca en el lago Ontario.

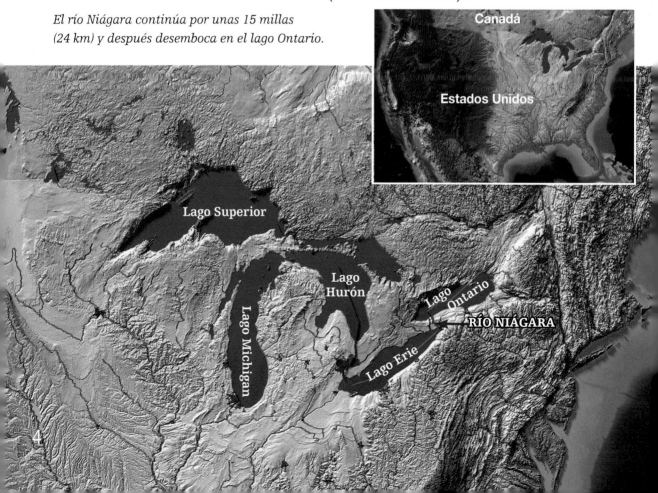

Canadá

Estados Unidos

Lago Superior

Lago Hurón

Lago Michigan

Lago Erie

Lago Ontario

RÍO NIÁGARA

Cataratas del Niágara, Nueva York

    Las cataratas del Niágara son solo uno de los ejemplos del poder asombroso del agua. Sin agua, en todas sus formas, las personas, los animales y las plantas no podrían sobrevivir.

El agua es la única sustancia que se puede encontrar en tres estados en la naturaleza: sólida, como hielo; líquida, como agua; y gas, como vapor de agua. El agua se congela a 32 grados Fahrenheit (0 grados Celsius) y hierve a 212 grados Fahrenheit (100 grados Celsius). El agua cambia de estado por cambios en la temperatura.

Congelar agua la convierte en hielo. Calentar hielo lo transforma otra vez en agua. Hervir agua libera agua como un gas, o vapor, en el aire. Al enfriar el vapor este vuelve al estado líquido, agua.

Todas las formas de vida necesitan agua. El cuerpo humano está constituido por un 60% de agua. Las personas toman unos 2.5 cuartos de agua (2.4 litros) al día.

El cerebro humano contiene un 70% de agua. La sangre es 83% agua. Las células del cuerpo humano mueven minerales y nutrientes mediante el agua. El agua mueve los desechos del cuerpo humano.

Las plantas usan el agua para transportar nutrientes y materiales en la raíz, los tallos y las hojas. El agua se evapora a través de pequeños orificios debajo de sus hojas por **transpiración**. También usan agua para realizar la fotosíntesis, su proceso de producir alimentos.

Agua

La transpiración mueve el agua hacia arriba en las raíces, tallos y hojas de la planta.

Las personas usan agua de formas diversas: para beber, limpiar y cocinar. La agricultura, la industria y la minería necesitan agua. El agua genera electricidad y es usada en la recreación. El agua es vital para la vida. Sin embargo, una de cada ocho personas no tiene agua potable. El uso racional del agua de la Tierra preservará este recurso indispensable.

Todas las personas del mundo necesitan agua limpia. Los científicos creen que el agua es el recurso más importante de la Tierra.

CAPÍTULO DOS

El ciclo del agua

El agua puede encontrarse casi en todas partes de la Tierra. Hasta la atmósfera de la Tierra contiene agua en forma de vapor. Este **vapor de agua** afecta el clima y el tiempo en la Tierra. Los cambios de temperatura provocan cambios de estado en el agua, como de lluvia a nieve o cuando un lago se seca durante una **sequía**.

El calor del sol es el motor del movimiento del agua, conocido como ciclo del agua, o **ciclo hidrológico**. En el ciclo del agua, las moléculas de agua se mueven de la superficie de la Tierra hacia el aire. Luego retornan a la superficie. Una parte del agua penetra en el suelo. El agua continúa moviéndose en un ciclo yendo de los océanos hacia el aire y después a la tierra.

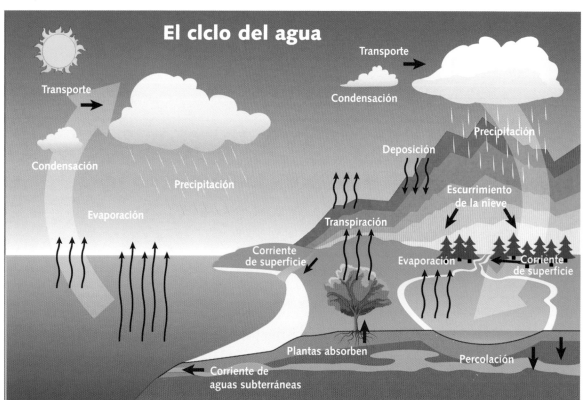

Vapor de agua

Cuando las moléculas de agua se calientan, suben al aire en forma de vapor.

El Sol calienta los cuerpos de agua. Las moléculas en el agua caliente se mueven más rápido y rebotan unas con las otras. Este movimiento saca a algunas de ellas hacia el aire en forma de vapor.

La **evaporación** ocurre cuando un líquido cambia a gas. La mayoría del agua en la atmósfera se evapora de los océanos. Una cantidad muy pequeña viene de ríos y lagos. Un **porcentaje** pequeño del vapor de agua proviene de plantas que liberan agua.

El calor del Sol causa la evaporación del agua de los océanos. Las moléculas de agua se calientan y se mueven más rápido. Este movimiento las separa y suben al aire. Las corrientes de aire las llevan a lugares mucho más fríos y el vapor de agua se enfría cambiando de vapor a líquido. Esta **condensación** forma gotas pequeñas de agua, creando nubes.

Con el tiempo, todas estas gotas se tornan tan pesadas que el aire no puede sostenerlas más. Entonces el agua cae en forma de **precipitación** hacia la Tierra. Las precipitaciones pueden ser lluvia, aguanieve, nieve o granizo.

El agua de las precipitaciones sigue distintos caminos. Una parte se mueve por el terreno hasta los lagos, ríos y corrientes de agua. Este **escurrimiento** de agua es recolectada y se mueve hacia abajo. El área donde se almacena el agua escurrida y después se mueve hacia una corriente de agua principal se llama cuenca. Las cuencas recolectan precipitaciones y las canalizan hacia otros cuerpos de agua.

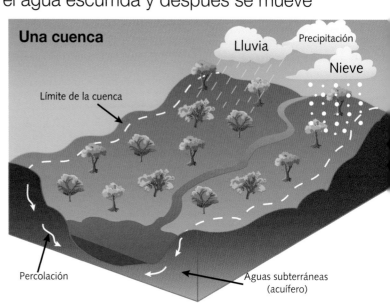

El agua también penetra en el suelo. Se escurre hacia abajo a través de la tierra, la arena, la grava y las rocas, convirtiéndose en **agua subterránea**. Este lento movimiento hacia abajo, se llama **percolación**. Las aguas subterráneas se juntan y almacenan alrededor de rocas **impermeables**. Una parte de las precipitaciones se evapora antes de llegar al suelo. Se convierte en vapor de agua.

Las personas que no tienen fontanería en sus casas dependen del agua de los pozos.

Desde el océano, continúa el ciclo del agua. A veces el agua se queda atascada en el hielo o los glaciares. A veces durante el ciclo, las personas pueden tomar el agua y utilizarla para sus necesidades. Finalmente, vuelve al ciclo del agua.

El ciclo del agua es una fuerza constante y continua en la Tierra. Con el viento y el sol, crea el clima. Las diferentes formas de agua actúan sobre el suelo, causando una variedad de cambios. El ciclo continúa sin cesar, moviendo el agua sobre la Tierra.

La tierra generalmente recibe más precipitaciones, mientras que en los océanos ocurre más la evaporación.

3%

■ Agua salada

Agua dulce

97%

La mayor parte del agua de la Tierra es salada o agua con sal. El agua restante es agua dulce, sin embargo, las dos terceras partes de esta está en forma de hielo en los glaciares, en los polos y en Groenlandia. Las personas solo disponen de una pequeña cantidad de esa agua.

CAPÍTULO TRES

Agua alrededor

El agua superficial es toda el agua dulce y salada **visible** sobre la Tierra. La mayoría del agua superficial se encuentra en los océanos. Los océanos se dividen de acuerdo a su profundidad en capas llamadas zonas. En cada zona habitan distintas formas de vida.

Las corrientes se mueven a lo largo de la superficie del océano y profundamente bajo el agua. Las corrientes fluyen en patrones creados por el viento, la temperatura del agua, la forma del fondo del océano y la rotación de la Tierra.

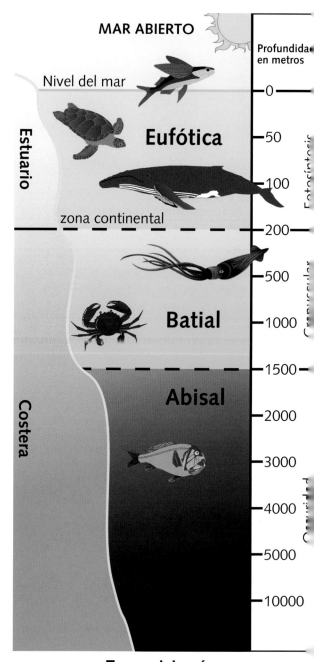

Zonas del océano
Las zonas están determinadas por la cantidad de luz solar que penetra en ellas.

El agua dulce es aproximadamente el 3% del agua del planeta, pero solo una fracción es agua superficial utilizable en ríos o lagos. El resto está en forma de hielo o escondida bajo tierra.

Parte del agua superficial de la Tierra se encuentra en forma de hielo en los glaciares, en nieves perpetuas y en capas de hielo en los polos. Los hielos contienen aproximadamente el dos por ciento del agua terrestre.

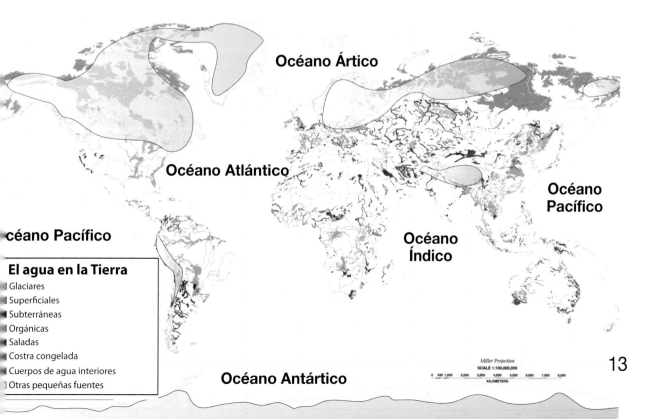

Océano Ártico

Océano Atlántico

Océano Pacífico

céano Pacífico

Océano Índico

El agua en la Tierra
- Glaciares
- Superficiales
- Subterráneas
- Orgánicas
- Saladas
- Costra congelada
- Cuerpos de agua interiores
- Otras pequeñas fuentes

Océano Antártico

Miller Projection
SCALE 1:100,000,000

0 500 1,000   2,000   3,000   4,000   5,000   6,000   7,000   8,000
KILOMETERS

El agua rodeada de tierra crea lagos y lagunas. La mayoría de los lagos son de agua dulce. Algunos lagos se formaron a partir de glaciares derretidos. Las presas son lagos artificiales que se forman al bloquear el paso a un río.

**Presa Hoover
en la frontera de Nevada**

Esta foto satelital del Great Salt Lake en Utah es un ejemplo de un lago de agua salada.

Los **humedales** se forman por agua dulce o salada estancada. Los humedales incluyen pantanos y ciénagas. Sus niveles de agua dependen de las estaciones, el tiempo y las temperaturas.

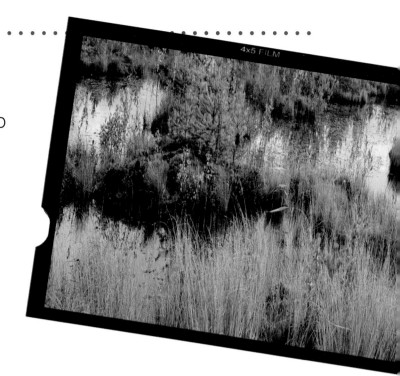

Los estuarios son regiones de transición entre el agua dulce y el agua salada y sirven de hogar a gran cantidad de especies. Sirven como un vivero para los huevos y crías de muchos animales y los protegen del maltrato de las olas y las marejadas provocadas por las tormentas. Los estuarios ofrecen un lugar de descanso para las aves migratorias y forman una zona de amortiguación que ayuda a filtrar los desechos causados por el escurrimiento.

Ciénaga de agua salada

Estuario

Las corrientes de aire transportan vapor de agua hacia arriba, donde está el aire más frío, donde se condensa en forma de nubes.

Aire frío

Aire frío

Aire frío

Aire caliente

El agua también puede encontrarse en el aire. La mayor parte del vapor de agua no se ve a simple vista. La cantidad de agua que pasa al aire depende de la temperatura, los vientos, la presión y de la cantidad de vapor de agua ya presente en el aire.

Las aguas subterráneas contienen gran parte del agua de la Tierra. Las aguas subterráneas superficiales son reabastecidas por la lluvia.

Mientras el agua se filtra hacia abajo, el suelo no está saturado, lo que significa que el agua no llena todos los espacios. Más abajo, las rocas están más compactadas y el agua llena todos los espacios, saturando el suelo. La división entre el agua subterránea saturada y no saturada se llama Manto freático. Esta se mueve hacia arriba y hacia abajo porque la cantidad de agua subterránea varía.

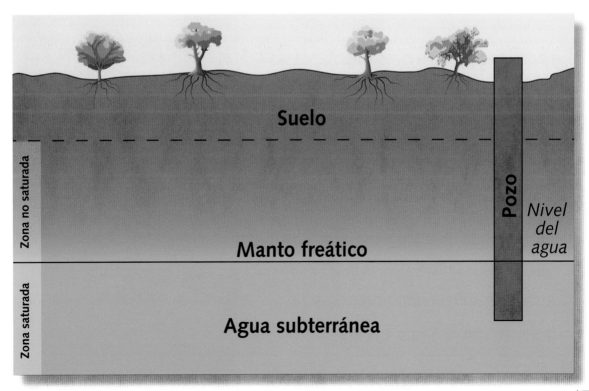

17

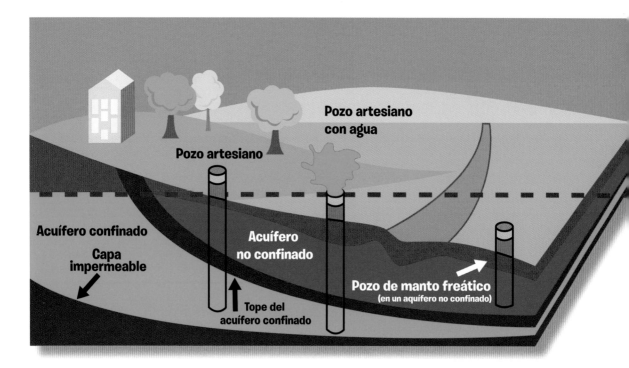

Pozo artesiano con agua

Pozo artesiano

Acuífero confinado

Capa impermeable

Acuífero no confinado

Tope del acuífero confinado

Pozo de manto freático
(en un aquífero no confinado)

Las áreas de aguas subterráneas que no pueden penetrar la roca se acumulan en grandes piscinas del tamaño de lagos llamados acuíferos. La tierra por encima de ellos está **recargada** por la precipitación. Las empresas de suministro de agua perforan pozos en los acuíferos. Las bombas traen el agua a la superficie.

Un acuífero confinado contiene agua arriba y abajo, poniéndola bajo presión. La perforación de un pozo artesiano forma una abertura y el agua se elevará por su propia presión.

¿Sabías que...?

El agua salada subterránea también forma acuíferos bajo los océanos.

Los cambios de las aguas subterráneas pueden causar socavones. Los socavones aparecen en áreas donde la roca subterránea es piedra **caliza** u otro tipo de roca blanda. Cuando el agua se lleva la roca disuelta, se forman cavernas y espacios. A veces las rocas colapsan, formando un socavón.

La fuente de agua que fluye en este socavón no se conoce con certeza, podría provenir de agua subterránea de una zona de recarga al norte o al este de esta área.

Pozo de Montezuma, un socavón inundado en el Castillo Monumento Nacional a Montezuma, en Arizona

El agua que cae golpea
la rueda y la hace girar.

Las personas le dan buen uso a las aguas superficiales. En
el pasado, el agua en movimiento movía las aspas de un molino
para moler maíz o cortar madera. Una versión moderna de esto
es la turbina, que se usa para generar energía hidroeléctrica.

El agua en movimiento o cayendo mueve las turbinas para generar electricidad. En un generador, imanes giran dentro de espirales de cables para producir electricidad.

Algo debe hacer girar los generadores. Algunas plantas de energía usan combustibles, y calientan agua para hacer vapor que hace girar los generadores. La energía hidroeléctrica usa agua que cae, como en las cataratas del Niágara, que hacen girar ejes de metal con propelas para generar electricidad.

Presa de generación hidroeléctrica Robert Moses, en Lewiston, New York.

¿Sabías que...?

Durante los períodos de mayor flujo de agua, en otoño y verano, por las cataratas del Niágara caen más de 700,000 galones (2,650,000 litros) de agua por segundo. ¡Eso es como llenar 35 piscinas de tamaño regular por segundo!

21

Las presas construidas en los ríos también son fuentes de energía hidroeléctrica. El agua contenida en una presa aumenta su energía potencial. La energía potencial se transforma en energía cinética y esta en energía mecánica cuando cae el agua. La fuerza del agua causa el movimiento que produce la energía.

Mientras mayor sea la altura desde donde cae el agua hasta donde sale, mayor cantidad de energía se producirá.

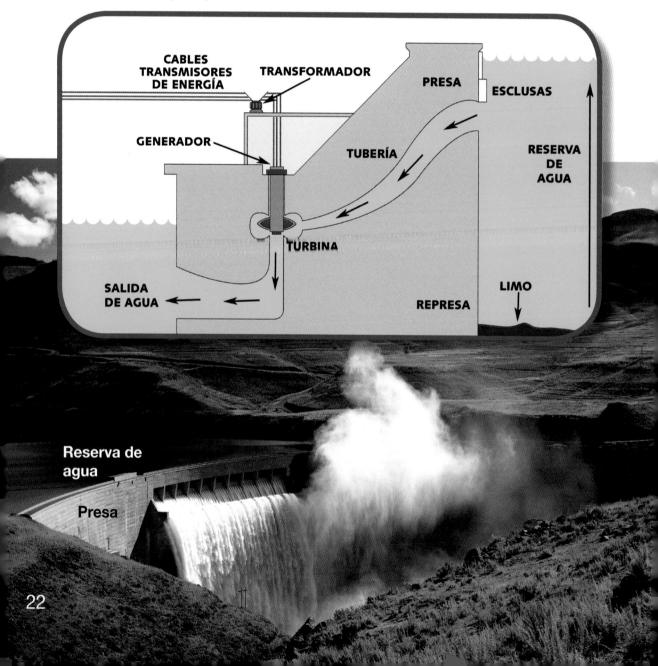

CABLES TRANSMISORES DE ENERGÍA

TRANSFORMADOR

PRESA

ESCLUSAS

GENERADOR

TUBERÍA

RESERVA DE AGUA

TURBINA

SALIDA DE AGUA

REPRESA

LIMO

Reserva de agua

Presa

La energía hidroeléctrica es segura y renovable. Sin embargo, presenta algunos problemas pues puede alterar el hábitat de los peces y de la vida silvestre. Además, los peces migratorios no pueden migrar debido a los ríos bloqueados por las presas. La mayoría de los lugares donde instalar centrales hidroeléctricas ya están siendo utilizados. Sin embargo, en el futuro, las ciudades pueden tener varias pequeñas hidroeléctricas generadoras de electricidad. Los investigadores también buscan generar energía mediante el movimiento de las mareas.

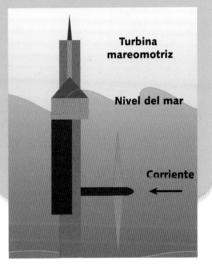

Turbina mareomotriz

Nivel del mar

Corriente

Fuentes de energía eléctrica en los Estados Unidos

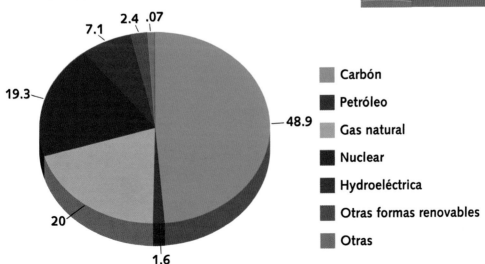

2.4 .07
7.1
19.3
48.9
20
1.6

- Carbón
- Petróleo
- Gas natural
- Nuclear
- Hydroeléctrica
- Otras formas renovables
- Otras

Los científicos están estudiando el ciclo del agua de la Tierra para poder tener una mejor idea de cómo generar energía usando el agua. También estudian los cambios en el agua y en el clima. Y el papel que juegan los vientos, las corrientes oceánicas, la presión del aire, el sol, la rotación de la Tierra y el ciclo del agua en el clima y el tiempo de la Tierra.

El agua de la atmósfera afecta el clima. El vapor de agua y otros gases en la atmósfera actúan como gases de efecto invernadero, reflejando la luz del sol, pero mantienen el calor cerca de la superficie de la Tierra. El calentamiento climático aumenta la evaporación y provoca cambios en las aguas subterráneas. El deshielo de los glaciares eleva los niveles oceánicos.

El vapor de agua condensado forma nubes en la atmósfera terrestre.

Vista satelital de los hielos de Groenlandia, 1986

Hielo
Sin hielo

Vista satelital de los hielos de Groenlandia, 2007

Hielo
Sin hielo

Los científicos están preocupados por los niveles de los gases de efecto invernadero y el derretimiento de los hielos, y los efectos de estos en las reservas de agua de la Tierra.

Gases de efecto invernadero

La superficie de la Tierra es calentada por el sol y devuelve parte del calor hacia el exterior en forma de radiación.

La energía proveniente del sol pasa a través de la atmósfera.

Atmósfera

Los gases de efecto invernadero de la atmósfera atrapan parte del calor.

Parte de la energía es reflejada hacia el espacio exterior.

25

CAPÍTULO CUATRO

Agua y erosión

La erosión de las rocas por medio del agua, el viento y los cambios de temperatura, las rompe. El desgaste químico debido a lluvias levemente ácidas, disuelve las rocas. El desgaste mecánico ocurre cuando el agua se congela en las grietas. Estas se expanden y rajan las rocas con el tiempo. El agua corriente crea fricción entre rocas pequeñas y arena contra las rocas, como si fuera una lija.

¿Sabías que...?

La lluvia normal tiene un pH neutro en la escala de acidez. Si la contaminación originada por la industria y los autos llega al aire, estos gases se mezclan con el vapor de agua, lo que torna la lluvia más ácida. Esta agua ácida puede dañar la vida en las lagunas y lagos adonde se escurre el agua.

Los ríos de aguas rápidas llevan rocas pequeñas en el agua que sacan astillas del lecho al golpearlo, alisando los bordes ásperos.

Los sedimentos son gravilla, rocas y arena que han sido desgastados por el agua, el viento o los glaciares. El desgaste rompe las rocas. La **erosión** gasta las rocas y también se las lleva. Los ríos transportan sedimentos arrancados del suelo. Los lechos de los ríos se erosionan a veces, formando cañones en la tierra.

Un ejemplo de un cañón grande es el Gran Cañón, en Arizona. El río Colorado expuso las capas de roca depositadas hace mucho tiempo. La fuerza cortadora del agua abrió las capas. Tomó millones de años formar el Gran Cañón, ¡y todavía sigue erosionándose!

El Gran Cañón, Arizona

Los lados escarpados de estos cañones se desgastan producto de la gravedad, las lluvias y los deslizamientos de tierra. Los ríos mueven los sedimentos y suelos a través de los cañones. Las inundaciones pueden depositar sedimentos y suelos en la llanura aluvial. El río se ensancha y la corriente se hace más lenta, da giros más amplios y deposita los sedimentos, formando un delta en el lugar donde entra al océano.

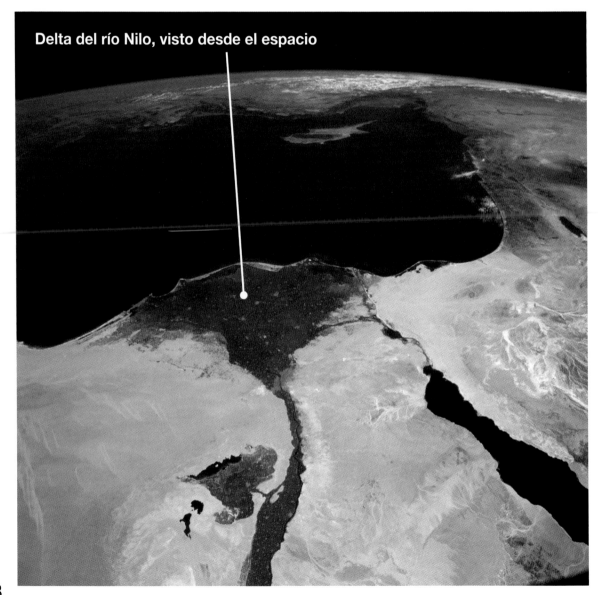

Delta del río Nilo, visto desde el espacio

Otros fenómenos también causan la erosión. Los incendios forestales eliminan la hierba de la tierra y los árboles que sostienen el suelo. Talar bosques aumenta la erosión porque las raíces mantienen el suelo en su lugar. Las precipitaciones se escurren en lugar de sustituir las aguas subterráneas.

Las lluvias en las tierras sin plantas remueven el suelo debido a que está expuesto por la carencia de árboles.

29

CAPÍTULO CINCO

El clima y el agua

El agua también causa cambios en la Tierra que tienen un efecto mucho más dramático que la erosión a largo plazo y el desgaste. El ciclo del agua cambia el clima así como produce fenómenos extremos.

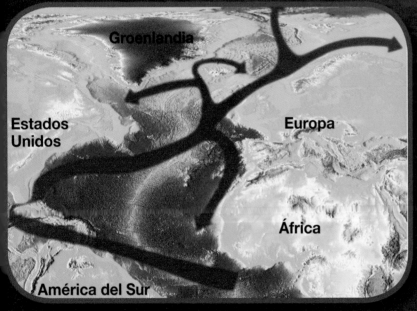

La Corriente del Golfo fluye a lo largo de la costa sureste de los Estados Unidos antes de cruzar el océano Atlántico, donde se divide en varias ramas. Transporta agua caliente hacia el norte y hacia África, ayudando a moderar la temperatura al mezclarse con agua más fría.

Las corrientes oceánicas como la Corriente del Golfo llevan agua caliente a los polos. Estas corrientes afectan el tiempo, cambiando las precipitaciones y las temperaturas en las tierras cercanas.

Huracán Frances, agosto 31, 2004

Los ciclones tropicales son tormentas con vientos violentos y agua. Llamados huracanes o tifones, comienzan como masas de aire de baja presión en los océanos calientes. Estas masas rotan, ganado en fuerza. Este movimiento las hace moverse, muchas veces en dirección a la tierra. Las lluvias y mareas resultantes inundan las áreas costeras. Los tsunamis son el resultado de los terremotos. El movimiento impulsa una gran masa de agua hacia adelante. La ola gigante se dirige a tierra con fuerza imparable y arrasa con todo en su camino.

El tsunami de 2011, en Japón, mató a decenas de miles de personas.

31

Una sequía, un largo periodo sin lluvias, mata los cultivos, debilita a las plantas y causa que el suelo se reseque y pueda ser arrastrado por el viento. Las condiciones de sequía son creadas por patrones de tiempo con cambios en las presiones bajas o altas, masas de aire detenidas por vientos en la atmósfera superior, o poco vapor de agua moviéndose hacia arriba.

Para protegerse de las sequías, las personas desarrollaron métodos para suministrar agua a sus cultivos y ganado. La irrigación proporciona agua a la tierra usando una fuente de agua cercana mediante tuberías o canales. Las irrigación cuidadosa aumenta la cantidad de tierra que se puede usar para plantar cultivos. Los céspedes, jardines, campos de golf y terrenos deportivos son irrigados con frecuencia. Sin embargo, la irrigación disminuye los recursos, afecta el manto freático y cambia los ecosistemas.

Los antiguos romanos construyeron acueductos abiertos para llevar agua a sus ciudades.

Pont du Gard, un acueducto romano en Francia

CAPÍTULO SEIS

Agua limpia para todos

Los ríos y lagos proveen casi toda el agua que usan las personas. Esta agua parece limpia y cristalina, pero las aguas que no han sido tratadas contienen gérmenes microscópicos.

El agua superficial no está limpia. Recibe escurrimientos del agua de las tormentas, los desechos de granjas, los desechos de fábricas y algunas veces bacterias de tanques sépticos. El tratamiento convierte a estas aguas en potables o que se pueden beber.

Radiestesia

Algunas personas dicen que pueden encontrar agua mediante la radiestesia. Usan una horqueta de madera, percheros, llaves y otras herramientas para localizar agua. Sostienen cada extremo de la horqueta con cada mano y lo inclinan un poco hacia arriba. Cuando caminan sobre un lugar que tiene agua, la horqueta se mueve hacia abajo. Allí es donde debes taladrar. ¿Funciona esto en realidad? En un área con lluvia y formaciones de roca regular, el agua estará allí probablemente.

Los zahoríes, también llamados rabdomantes o brujos de agua, usaban frecuentemente ramas en horqueta de sauce, melocotón, u olmo escocés para buscar agua.

Por muchos años la gente hizo pozos. Bombeaban agua hacia arriba a mano. El agua que se filtrada por el suelo era más pura que el agua de la superficie. Hoy, casi todos los departamentos de acueducto de las ciudades o condados, o compañías privadas, purifican el agua y suministran agua limpia a las personas.

Los sistemas públicos de abastecimiento de agua toman agua de ríos, lagos o pozos cercanos. Redes grandes filtran el agua separando basura y partículas. La oxigenación añade aire para remover gases, esto mejora su sabor y olor. El cloro mata los gérmenes peligrosos.

El agua es analizada varias veces mientras circula por la planta de purificación. Desde el primer filtrado hasta los tanques de depósito, se chequean los gérmenes y las impurezas del agua.

Alumbre

Los antiguos egipcios usaban el alumbre en 1500 a. C. para hacer que los sedimentos se precipitaran en el agua que bebían. El alumbre es un compuesto químico formado al combinar aluminio con otros elementos.

Después se añaden sustancias químicas como el alumbre. Esto forma grumos de tierra, metales y partículas. El agua reposa en tanques hasta que los grumos se depositan en el fondo y son removidos y el agua es filtrada otra vez. Luego es tratada contra gérmenes otra vez. Desde los tanques, se mueve por tuberías pasando por válvulas y bombas. De ahí va a casas, tanques de agua e hidrantes.

El agua se almacena en tanques o en torres de agua. Las torres de agua se colocan en la parte más alta de la zona. La fuerza de gravedad proporciona presión, mandando el agua a través de una serie de tuberías y bombas. Las tuberías se hacen más estrechas mientras se alargan, como las ramas de los árboles. Al reducirse el diámetro de las tuberías el agua sigue moviéndose. Si abrimos un grifo el agua fluye.

Al abrir el grifo se abre una válvula que permite que el agua fluya. La válvula impide que el agua regrese hacia la reserva de agua de la ciudad, contaminándola.

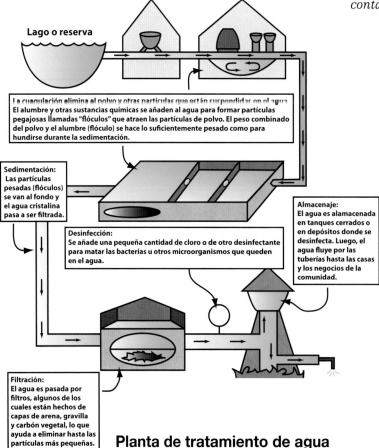

Lago o reserva

La cuaqulación elimina el polvo y otras partículas que están suspendidas en el agua. El alumbre y otras sustancias químicas se añaden al agua para formar partículas pegajosas llamadas "flóculos" que atraen las partículas de polvo. El peso combinado del polvo y el alumbre (flóculo) se hace lo suficientemente pesado como para hundirse durante la sedimentación.

Sedimentación: Las partículas pesadas (flóculos) se van al fondo y el agua cristalina pasa a ser filtrada.

Desinfección: Se añade una pequeña cantidad de cloro o de otro desinfectante para matar las bacterias u otros microorganismos que queden en el agua.

Almacenaje: El agua es alamacenada en tanques cerrados o en depósitos donde se desinfecta. Luego, el agua fluye por las tuberías hasta las casas y los negocios de la comunidad.

Filtración: El agua es pasada por filtros, algunos de los cuales están hechos de capas de arena, gravilla y carbón vegetal, lo que ayuda a eliminar hasta las partículas más pequeñas.

Planta de tratamiento de agua

Las aguas residuales de cocinas y baños son tratadas en plantas de aguas residuales. Se filtra por las piedras y luego por la arena. A continuación, los productos químicos y la luz matan los gérmenes. Esa agua es generalmente bombeada hacia grandes reservas de agua. No se usa para beber.

No todos en el mundo tienen agua potable. A veces la única fuente de agua es un río contaminado y turbio, usado tanto por animales como por personas. Hervir el agua o purificarla con 8 gotas de cloro por galón (3,8 litros) de agua puede hacerla potable. Pero no todos tienen los recursos para hacerlo.

Algunas personas tienen agua, pero no la forma de purificarla, por lo que muchas personas beben, se bañan y lavan sus ropas con agua que es considerada peligrosa.

La falta de dinero, herramientas y conocimientos previene tratamientos de aguas albañales apropiados. En el mundo, 3.5 millones de personas mueren cada año por enfermedades relacionadas con el agua.

El agua se está acabando. En 2025, cuarenta y ocho países contarán con recursos de agua limitados para el uso diario. Distintas organizaciones están trabajando para proveer agua y salud en el mundo. Es vital preservar las reservas de agua.

En algunos países las aguas albañales que contienen desechos de animales y personas están a la intemperie y sin tratamiento, contaminando las aguas y causando enfermedades como diarrea, cólera y hepatitis A.

¿Dónde está el agua?
(fuente: IMWI)

América del Norte

América del Sur

Europa

Asia

África

Australia

Agua disponible

Recursos limitados de agua disponible

Cuerpos de agua disponible reducidos

Falta de dinero para hacer agua disponible

No estimado

CAPÍTULO SIETE

Agua para el futuro

Las naciones en desarrollo obtienen agua de distintas formas. Modifican ríos, hacen lagos y bombean agua a largas distancias. El gobierno monitorea la calidad del agua. Algunos países pagan por la desalinización para hacer agua dulce a partir de agua salada. Sin embargo, no todas las naciones suministran agua pura a sus ciudadanos.

Algunas mujeres tienen que caminar millas para obtener agua y llevarla a sus casas. No se pueden reparar las tuberías o construir plantas de tratamiento de agua porque no hay dinero suficiente. Y si tienen agua corriente, muchas veces el agua no fluye siempre.

En la India, ninguna ciudad grande tiene agua corriente las 24 horas. En algunos países el agua es muy cara y la gente no puede pagar por ella.

La necesidad de agua solo se incrementará. La población mundial está aumentando. Las ciudades deben planificarse para proveer agua a todos sus residentes. Las nuevas tecnologías y la higiene pueden ayudar.

América del Norte

Europa

Asia

África

América del Sur

Australia

Mapa que muestra la densidad de población mundial. Los colores más claros representan menor densidad de población y los más oscuros representan las áreas con más densidad de población.

La mitad de las personas del mundo vive en ciudades y más personas se están mudando a las ciudades cada día. Las personas de las ciudades necesitarán más agua.

Agua para vivir

Las Naciones Unidas desarrollaron un plan para reducir el número de personas que viven sin agua potable en el 2015. El objetivo es proveer agua potable mediante la cooperación entre los países. Estos cumplirán acuerdos para ayudar a financiar un suministro de agua sostenible. También planean mejorar el saneamiento.

Rwanda, África

El agua potable mejora la salud de las personas. Las personas no se enferman al beber agua potable y limpia. La educación ayuda a las personas a entender formas de conservar, reciclar y usar agua inteligentemente.

La higiene adecuada previene la contaminación del agua, manteniendo a las bacterias fuera de las reservas de agua.

41

Mantener un abastecimiento **sostenible** de agua es importante. Esto significa preservar el suministro de agua actual mientras se divide equitativamente. El ciclo del agua mueve continuamente el agua del mundo. No se puede usar más agua de la que se puede sustituir.

Los cambios climáticos alteran las cantidades de precipitación típicas. El derretimiento de los casquetes polares y los glaciares elevará los niveles del mar. Las inundaciones pueden afectar los abastecimientos de agua dulce, ya que las costas se reducirán. Las precipitaciones cambiantes e imprevisibles perjudican los cultivos de los campesinos.

El continente australiano es subtropical y el aire seco en esa región del mundo crea bajas e irregulares cantidades de lluvia. El clima seco también se ve influenciado por el fenómeno de "El Niño", un patrón meteorológico que provoca un aumento de las temperaturas del mar y de vientos débiles del este que empujan las nubes de lluvia fuera de Australia.

Las naciones que tienen bastante agua hoy, pueden tener menos agua en el futuro. Las investigaciones pueden encontrar métodos más baratos para purificar el agua usando menos energía. La planificación para el futuro asegurará que haya bastante agua disponible.

La tecnología ofrece nuevas formas de obtener agua limpia. Se descubrieron bacterias que destruyen algunas toxinas. Los nuevos materiales filtran mejor el agua. La Nanotecnología, la construcción de materiales a nivel atómico, puede crear nuevos materiales y mejores modos de eliminar la sal del agua. Los sistemas de irrigación mejorados limitan la erosión y el escurrimiento. La irrigación subterránea y los sistemas de riego por goteo reducen la pérdida de agua.

Algunos sistemas usan motores eléctricos o de gasolina en vez de presión de agua. Estos esparcen el agua a menos altura, lo que reduce la evaporación.

Las comunidades y las ciudades deben planificar para el futuro. Los departamentos de consumo de agua pueden poner límites al uso de agua, especialmente para jardines. Plantas locales resistentes a la sequía crecen mejor sin agua en las regiones secas. Conservar agua ayuda a mantener las reservas de agua y acaba con el despilfarro.

Crear jardines con plantas nativas, echarles paja y estiércol y usar irrigación de calidad, protege el medio ambiente y ahorra agua.

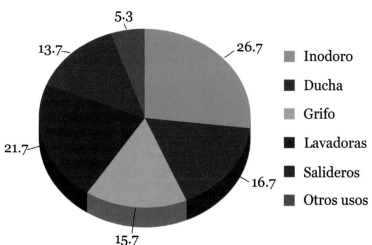

- 5.3
- 13.7
- 26.7
- 21.7
- 15.7
- 16.7

- ■ Inodoro
- ■ Ducha
- ■ Grifo
- ■ Lavadoras
- ■ Salideros
- ■ Otros usos

¿Sabías que...?

Si instalamos inodoros ahorradores, podemos ahorrar galones de agua al día. Existen leyes en distintos lugares que regulan cuán rápido puede fluir el agua de los grifos, duchas e inodoros.

Reducir las aguas residuales mantiene las vías de agua y las fuentes de agua usable lo más limpias posible.

¿QUÉ PUEDES HACER?

1. Reparar los salideros.
2. Acortar el tiempo en la ducha.
3. Usar la lavadora y el lavaplatos solo cuando están llenos.
4. Cerrar el grifo mientras te lavas los dientes hasta que te los enjuagues.
5. Llenar el fregadero de agua para enjuagar los platos.
6. Regar menos el césped.
7. Usar plantas nativas en el jardín.
8. Instalar inodoros y grifos de fluido bajo.

Hoy tenemos la misma cantidad de agua que hemos tenido siempre en la Tierra. El problema es cuidar este recurso natural. Si protegemos con inteligencia nuestras fuentes de agua actuales podemos asegurarnos de que todos disfrutaremos del agua limpia y potable ahora y en el futuro.

Las personas trabajan juntas para ayudar a las que no tienen agua limpia y potable.

Glosario

agua subterránea: agua depositada por las precipitaciones que ha penetrado el suelo y se ha depositado bajo la superficie de la Tierra

calizas: roca formada por los conchas y corales

ciclo hidrológico: ciclo del agua, el movimiento del agua en el planeta y sus cambios de estado

condensación: proceso en que un gas se convierte en líquido

erosión: desgaste de una roca por el viento y el agua

escurrimiento: agua que corre por las vías de agua en vez de filtrarse en el suelo

evaporación: proceso que cambia el líquido en gas

glaciares: grandes capas de hielo en las regiones polares

humedales: tierras pantanosas

impermeable: que no puede ser penetrado por líquidos

percolación: un líquido filtrándose lentamente entre las capas de un material

porcentaje: la parte considerada en relación a un todo

precipitación: formas en que cae el agua del cielo

recargada: región donde el agua se filtra en el suelo para recargar un acuífero

sequía: periodo de tiempo sin precipitaciones

sostenible: proceso que puede continuar sin usar más recursos

transpiración: en este proceso las plantas pierden agua por unos orificios que tienen debajo de las hojas

visible: que se ve

Índice

Sitios de la internet

www.epa.gov/owow/NPS/kids/

www.noaa.gov/wx.html

www.water.weather.gov/ahps/

Sobre la autora

A Shirley Duke siempre le ha gustado la ciencia y la ha enseñado por muchos años. Ahora enseña escribiendo libros. Este es su onceavo libro. Vive en Texas y Nuevo México, donde ha aprendido mucho sobre la sequía.

¡Pregúntale a la autora!
www.rem4students.com